CB068481

O Besouro Casca-Dura

(e outros contos)

O BESOURO CASCA-DURA (e outros contos) - **3**
Iracema Sapucaia

FICHA CATALOGRÁFICA

(Feita na Editora)

Sapucaia, Iracema
O Besouro Casca-Dura (E outros contos)
Iracema Sapucaia;
Noções preliminares dos postulados espíritas e dos fenômenos anímicos e mediúnicos; Editora Espírita Correio Fraterno do ABC; São Bernardo do Campo, SP.

BIBLIOGRAFIA

1. Literatura Infantil 2. Espiritismo I. Título

CDD - 028,5
133.9

Índice para catálogo sistemático

1. Literatura Infantil 028,5
2. Espiritismo 133.9

Impresso no Brasil

O BESOURO CASCA-DURA (e outros contos) **- 4**
Iracema Sapucaia

O Besouro Casca-Dura

(e outros contos)

O Besouro Casca-Dura (E outros contos)
Iracema Sapucaia
10ª Edição - do 33º ao 38º milheiro - Agosto de 2000

Editora Espírita Correio Fraterno do ABC
Av. Humberto de Alencar Castelo
Branco, 2955 - CEP 09851-000 - Caixa Postal 58 - CEP 09701-970
São Bernardo do Campo, SP - Tel.: 4109-2939
e Fax (011) 4109-1960
(A Editora Espírita Correio Fraterno do ABC não possui fins lucrativos,
seus diretores não percebem qualquer remuneração. Todos os resultados financeiros se destinam à divulgação do
Espiritismo codificado por
Allan Kardec e às obras de assistência à criança, em colaboração com
o Lar da Criança Emmanuel.)

Capa: *Paulo José*
Produção: *Vate's Editora*
Planejamento Gráfico: *Cirso Santiago*
Ilustrações: Carlos Eduardo, *Wanderley Marcelo,*
Nivaldo, Farias, Airton e *Paulo José*

O BESOURO CASCA-DURA (e outros contos) **- 6**
Iracema Sapucaia

PALAVRAS AOS PAIS E PROFESSORES

O trabalho de conscientização espiritual da infância e juventude, que os centros espíritas vêm realizando, está a exigir de todos nós apoio integral. É trabalho pioneiro e não se restringe a um ponto geográfico; ele se desenvolve, de maneira sistemática, por todo o território brasileiro, constituindo-se, assim, em admirável exemplo para outros povos.

É bastante complexo o trabalho na área infanto-juvenil espírita, bem o sabemos, e, por isso mesmo, nem todos os problemas encontraram, ainda, solução - particularmente, o problema do livro. Basta lembrar que o livro didático destinado à infância, praticamente não o possuímos. A literatura juvenil, por sua vez, está por ser criada. E a literatura infantil espírita é assaz deficiente no aspecto numérico e seus poucos autores, encarnados e desencarnados, via de regra, não transmitem ensinamentos doutrinários aos pequenos leitores, ou seja, cultura espírita - apenas, a moral cristã. Ora, a moral cristã é básica à formação espiritual, mas ela, tão somente, não torna "espírita" a criança... E nem todos esses livros, acrescentemos a bem da verdade, conseguem estabelecer comunicação com o espírito do leitorzinho, quase sempre irrequieto...

Não é fácil conquistar as crianças. Escrever para elas, ao contrário do que o público pensa, é tarefa tão difícil, que se contam nos dedos os autores que obtiveram autêntico sucesso, ao passo que os mestres na literatura para adultos se multiplicam em todos os países... Por isso mesmo, consideramos bastante preciosa a contribuição de Iracema Sapucaia. Seus contos, que agora se vão ler, apresentam quase todos os requisitos exigidos pelos peritos em literatura infantil. Alguns chegam a ser pequenas obras-primas, como "O Besouro Casca-Dura" e a "Formiguinha Toc-Toc". E a maioria deles é eminentemente espírita, ou seja, traz à criança, além da moral cristã, conhecimentos doutrinários, como a Lei de Causa e Efeito e a Reencarnação, que a Autora exemplifica sem, todavia, dogmatizar. Quer dizer: este livro de Iracema Sapucaia, ao mesmo tempo em que mostra a supremacia do Bem sobre o Mal, diverte e esclarece. E tem outro predicado: lendo-o, as crianças começarão a familiarizar-se (o que é muito importante) com certos fenômenos da mediunidade, habilmente colocados nas histórias e que servem de elementos de suspense: telepatia, vidência, desdobramento, materialização de objetos, etc. Tudo isso, acrescentemos, sem distorção. Os fatos se sucedem, naturalmente. E o leitorzinho, por isso mesmo, os aceita.

A exemplo de Monteiro Lobato, Perrault, Collodi e outros grandes mestres, mundialmente celebrados, e artistas especializados em desenho infantil, como Walt Disney, também a autora destes contos utiliza animais como personagens para levar sua mensagem às crianças. Alguns adultos não apreciam este processo, universalmente aceito; é preciso convir, porém, que importa, no caso, não a opinião do adulto, apenas, mas, também, a da garotada. E as crianças gostam de histórias de animais...

Alguns destes contos foram publicados, primeiramente, em "Kardequinho", a primeira revista infanto-juvenil espírita, lançada em 1959 pelo escritor e médium Jorge Rizzini ao tempo em que presidiu o Clube dos Jornalistas Espíritas do Est. de São Paulo. A maioria, porém, foi redigida, especialmente, para a página infantil "Fraterninho" inserida em nosso jornal Correio Fraterno do ABC. Reunindo-os, agora, neste volume rejubilamo-nos por poder, uma vez mais, colaborar na seara infantil espírita - seara de onde hão de sair os apóstolos que, amanhã, modificarão a estrutura da nossa sociedade.

OS EDITORES (S. B. do Campo, 1978).

ÍNDICE

Mister Chano..11
O Besouro Casca-Dura....................................15
Dona Aranha e o Pássaro Azul........................19
O Macaquinho Sabe-Tudo...............................25
Jacaré Coroa..29
A Formiguinha Toc-Toc...................................33
A Borboleta Azul..37
O Sapo e a Pomba..41
O Coelhinho Branco...45
Tatu-Bola...49
Papagaio Real..53
A Preguiça Dorminhoca...................................57
O Peixinho Bola-Branca..................................61
A Lição do Jabuti..65

O BESOURO CASCA-DURA (e outros contos) - **10**
Iracema Sapucaia

Mister Chano

Mister Chano subiu no muro desanimado com a vida. Não podia compreender porque o tratavam tão mal... Já havia inúmeras vezes tentado fazer-se amigo daquela gente, mas qual! Ninguém o queria. Um dia, descera do muro e, amavelmente, fora enroscar-se nas pernas do menino da casa que, distraído, chupava no quintal uma tangerina. Mas, fora mal sucedido; o menino, furioso, jogou-lhe as cascas no lombo, enquanto procurava feri-lo com o pé. Mister Chano fugiu, rápido, para o muro, deixando no ar um miado triste. Mas, não se dava por vencido, apesar da tristeza que lhe invadia o coração; ele tinha a certeza de que, um dia, aquela família o receberia como a um filho.

"O que há comigo?" - pensava ele, lambendo as patas. "Que tenho eu, a mais ou a menos, para não me quererem? Afinal, sou um gato bonitinho, tenho manchas pelo corpo, sei fazer uma porção de coisas engraçada. Pulo alto, rolo pelo chão, sei dar cambalhotas como os palhacinhos de circo... Por que, então, me afastam dessa casa?"

Estava, assim, refletindo, deitado no muro, enquanto olhava as crianças da casa, que não paravam de rir e de pular.

"Eu gosto daquele menino" - tornou a pensar Mister Chano. "Mas, por que ele me maltrata, joga pedras em mim? Francamente, não entendo!"

No dia seguinte, Mister Chano acordara alegre, apesar do frio. Um pensamento, então, atravessou-lhe a cabeça: e se este fosse o dia escolhido para o pacto de amizade entre ele e o Joãozinho?

O sol já começara a despontar. Mister Chano respirou fundo e viu um vaporzinho sair de suas narinas. Lambeu as patas, passou-as depois pelos olhos, fazendo uma limpeza e... zás! atirou-se, elegantemente, para o quintal do garoto. Todos, na casa, já deviam estar acordados, inclusive, o Joãozinho. Que bom, se pudesse fazer-lhe companhia! Melhor, ainda, se o menino lhe desse um pires com leitinho morno e algumas bolachas dentro... Mister Chano lambeu os beiços e sacudiu a cabeça, como quem diz: "Que leite, coisa nenhuma! Ele só me dá pedradas..."

E não entrou na cozinha. Esperou que o menino terminasse a refeição da manhã. Ao fim de cinco minutos, miou alto no meio do quintal. E viu aparecer o menino que ele amava e temia ao mesmo tempo. Mister Chano achou melhor esconder-se atrás da lata de lixo. Joãozinho procurou o gato e, como não o encontrasse, foi brincar com o carrinho de rodas de aço que ele mesmo fizera com madeiras velhas. Deitou-se sobre o carro e com o pé direito no cimento deu o primeiro impulso. As rodas deslizaram, velozmente. Mister Chano, então, ao ver o menino risonho, achou que o momento era oportuno para tentar o pacto de amizade. Quando ia sair do esconderijo, porém, ouviu uma voz misteriosa lhe dizer:

- Não se aproxime agora do menino. Ele está preocupado com o brinquedo. Não irá trocar o carrinho por você...

Quem assim falava era o espírito da mãe de Mister Chano, a qual andava por ali sempre que o filho procurava aproximar-se de Joãozinho. Mas, Mister Chano não deu atenção ao conselho e... saiu alegre de seu esconderijo! Saiu, olhou o menino e miou alto, como quem diz: "Aqui estou eu, Joãozinho! Vamos ser amigos de hoje por diante?"

Mas, como ninguém entende o que os gatos dizem, Joãozinho ficou furioso e gritou:

- Saia da minha frente! Vamos, senão eu jogo o carro em cima de você!

Mas, Mister Chano não saiu da frente do carro. E pensou: "Quero ver até onde vai a maldade desse menino. Não sairei daqui."

- Saia do meu quintal, senão vou atropelá-lo! Tornou a berrar o menino.

Mister Chano respondeu, miando, triste:

- Eu quero ser seu amigo! Só isso, Joãozinho.

O garoto, vendo que o gato não pulava para o muro, deu novo impulso ao carrinho e... atropelou violentamente Mister Chano, que não teve tempo nem de miar.

A um canto estava ele com as duas patas da frente feridas, algumas gotas de sangue pelo rostinho peludo. Os olhos estavam fechados e a cabeça deitada sobre o cimento gelado... Mal podia respirar. Quando, mais tarde, conseguiu abrir os olhos não enxergou nada. "Onde estarei?" - pensou, miando baixo e com muita dor pelo corpo. Ao lembrar-se de tudo o que acontecera, arregalou bem os olhos e pôde ver que, ao seu lado, Joãozinho, com muito cuidado tratava de seus ferimentos.

Seria, mesmo, o Joãozinho quem lhe estava fazendo os curativos? Tornou a olhar e, ao ter certeza de que era mesmo o menino, tentou escapar por entre as suas pernas. Mas, Joãozinho pegou-o e, alisando-lhe os pelos, disse:

- Não tenha medo, Mister Chano. Não lhe farei mal. Estou muito arrependido! Eu não esperava que você ficasse na frente do carro, quando avancei. Mas, você há de ficar completamente bom! E seremos, para sempre, amigos! Sim, Mister Chano, amigos de verdade!

Mister Chano sacudia a cabeça, olhando o menino. Depois, lambeu-lhe as mãos, muito feliz. Enfim, passaria a viver naquela casa, cheia de brinquedos. Mais tarde, quando ficasse curado, haveria de dar cambalhotas para Joãozinho ver. E ambos se divertiriam a valer!

A um canto da sala, o espírito da mãe de Mister Chano sorria, feliz...

O Besouro Casca-Dura

Havia na Floresta Maravilhosa uma flor vermelha, que era a casa de um besouro preguiçoso. Quando amanhecia e todos os bichinhos começavam a trabalhar, o besouro virava-se de um lado para outro, dava um bocejo, soltava um "zum-zum" muito rouco e dormia, novamente. Na floresta, era um verdadeiro escândalo sua vidinha ociosa. Não lhe servia de lição ver passar por sua casa centenas de formiguinhas trabalhadoras, as quais, numa fila perfeita, encaminhavam-se para o serviço, todas de enxadinha ao ombro, cantando; nem o bordado de Dona Aranha, sempre preocupada em melhorar seu complicado aranhol pendurado em dois galhos de uma bananeira. O que desejava o Besouro Casca-Dura era, mesmo, dormir... Quando a fome apertava, descia ele, pesadão, de sua linda casa vermelha e, sem esforço nenhum, colhia algumas folhinhas macias das plantas que estavam ali por perto e comia, comia, comia... Depois, voltava ao lar e tirava uma boa sone-

ca.
Ora, em uma noite muito estrelada aconteceu que, de repente, o besouro foi acordado por um forte toque de corneta.
"Que barulho! O que há?" - pensou ele, abrindo os olhos. E, nesse momento, ouviu a voz de um grilo, que anunciava:
- Venham! Venham todos! Vamos comemorar o aniversário da nossa pátria, a Floresta Maravilhosa! Venham! Depressa!
"Ora, exclamou o Besouro Casca-Dura, espreguiçando-se. Se eu vou dar-me ao trabalho de sair da minha caminha para assistir à festa!"
E voltou a dormir.

Mas, os outros bichos, grandes e pequenos, atenderam ao convite. A festa seria realizada em uma grande gruta. Milhões de vaga-lumes forravam o teto da gruta como se fossem estrelas a derramar fachos de luz. Os bichos, muito alegres, iam entrando, extasiados. Ondas de perfume de flores silvestres inundavam o ambiente. E a orquestra de pássaros começou a tocar músicas lindíssimas.

A festa abrilhantou-se ainda mais com o número dos macacos acrobatas. Piruetas, cambalhotas e alguns tombos no chão arrancavam gargalhadas e aplausos da enorme assistência. Veio, depois, o número das onças e da coelhinha bailarina, que dançava sobre duas patinhas, apoiada no dorso de duas onças pintadas. Alva, tão alva quanto à neve, com dois olhinhos cor-de-rosa, a coelhinha pulava, rodopiava, executando os mais lindos passos de bailado.

A bicharada batia palmas. E os fachos de luz dos vaga-lumes se cruzavam, tentando focalizar os três executantes. E, assim, foi se desenrolando a linda festa de aniversário da floresta; festa que entrou pela noite, extasiando aqueles ingênuos bichinhos até os primeiros clarões da madrugada.

O Besouro Casca-Dura entregue à sua preguiça crônica, vivia perdendo espetáculos como o do aniversário da Floresta Maravilhosa. Não saía quase de casa, não trabalhava, não pensava na vida. Vadio, o que ele queria era dormir, dormir, dormir...

Aconteceu, porém, em certo dia, que um grupo de formiguinhas saúvas resolvera edificar um novo formigueiro. Lugar para isso é que estava difícil de ser encontrado. Procura daqui, procura dali, e a escolha caiu num lugar limpinho que ficava perto da casa de Casca-Dura. E as formigas iniciaram seu trabalho de construção... Serra que serra, bate que bate, e naquele mesmo lugar foi aparecendo uma elevação - base da nova residência das senhoras formigas.

Um mês depois, já a casa do Besouro Casca-Dura ficava lá em baixo, enquanto o formigueiro se erguia, cada vez mais majestoso.

Parece impossível, inacreditável, mesmo, mas a verdade é que o besouro nada percebeu! Quando ele saía de casa (sempre sonolento) mal alçava os olhos em redor de si; e, por isso mesmo, não viu a construção nova!

O tempo passava. E eis que um belo dia, um tamanduá (o grande devorador de formigas) pôs-se a caçar, ali por perto. Estava desesperado pela fome.

As formigas (coitadas!) nem ao menos puderam fugir... Iam sendo engolidas, às dezenas! Na sua fúria, o faminto tamanduá, de súbito, enlaçou com a sua comprida língua a casa do Besouro Casca-Dura e... lá se foram a casa e o besouro para o seu papo.

Desse modo triste, pagou o nosso Besouro Casca-Dura a imprudência de viver dormindo e comendo, comendo e dormindo, o dia todo, todo o dia...

Mas, a alma dos animais, como a do homem, não morre! E, assim, a alma do besouro, saída da dura casca, que era seu corpo, foi ter ao mundo espiritual. Chegando lá, Casca-Dura foi recebido por um besourão, que logo lhe disse:

- Então, meu filho, o que há com você? Pela cor do seu corpo espiritual, ou seja, de seu perispírito, que está um pouco preto, vejo que não aproveitou as lições da Terra. Que andou você fazendo, quando vivia na floresta?

Casca-Dura, vendo que não podia mentir, respondeu, envergonhado:

- Eu... eu... eu andei dormindo muito!

- Ah!, vê-se logo, disse o besourão, sacudindo a cabeça. Nunca trabalhou e nunca fez o Bem, não é assim? Pois, senhor Casca-Dura, aqui só podem ficar besouros que não sejam dorminhocos... Vá, vá, Besouro Casca-Dura, e só volte depois de aprender a trabalhar mais e a comer menos. Aceite o meu conselho: trabalhe e faça o Bem ao próximo! Evolua! Volte para a floresta. Não perca mais tempo!

O Besouro Casca-Dura só teve tempo de dizer sim, pois, de repente, não enxergou mais nada... E, quase naquele mesmo instante, nasceu na floresta um besourinho, muito pretinho, que logo recebeu o apelido de "Casca-Durinha". E o besourinho só pensava em trabalhar, trabalhar! Mas, porque ele trabalhava tanto, assim, ninguém sabia...

Dona Aranha e o Pássaro Azul

Dona Aranha vivia em um rico aranhol instalado entre dois galhos de uma grande mangueira. De vez em quando, saía ela a passear pela floresta. Descia, rapidamente, por um fio da teia e, uma vez no chão, ia visitar as amigas. Pois foi um desses passeios que, muito espantada, ouviu, pela primeira vez, o canto de um pássaro que lhe era desconhecido.

"De quem será o canto lindo e tão triste?" - pensou ela, parando junto ao tronco de um mamoeiro. "Esse canto parece revelar um segredo... Vou descobrir!".

E, Dona Aranha saiu a procurar o pássaro misterioso. Andou, andou, andou e nada descobriu. De repente, novamente o canto... Subiu, então, pelo tronco de uma altíssima jaqueira e espraiou o seu olhar pela floresta. E viu! Viu, além da mataria, uma casa branca, de telhado vermelho, com um jardim florido à frente - era dali que vinha o canto!

E Dona Aranha seguiu, rápida, em direção a casa. Ao chegar, viu pendurada numa janela uma gaiola dourada que cintilava aos raios do sol. E, dentro, o misterioso pássaro. Era azul e parecia muito nervoso. Fascinada, Dona Aranha tratou logo de entrar na casa. E maravilhou-se! Era tudo tão lindo... O jardim, a sala, os quartos... E, satisfeita, aproximou-se da janela onde estava a gaiola dourada.

- Bom dia, senhor Pássaro Azul! disse ela, com humildade, diante de tanta beleza.

O pássaro, assustado, perguntou:
- Quem está aí?
- Sou eu, a Dona Aranha. Aqui, na janela. Está me vendo? Sou pequenina.
- Ora, o que vem fazer por estes lados?
- Eu moro na floresta. Vim atraída pelo seu canto, que acho lindo, mas muito tristonho. E acho que seu canto tem um segredo, que pretendo descobrir.
- Eu não tenho nenhum segredo, respondeu o pássaro, um tanto mal humorado, enquanto pulava de um poleiro para outro.
- Sabe, senhor Pássaro Azul? Acho esta casa muito bonita. O senhor não se incomoda se eu arrumar um lugarzinho aqui para mim?
- Faça o que bem entender! retrucou o pássaro, sacudindo as asas. A casa não é minha.

E, olhando em direção do horizonte, pôs-se a cantar, longa e tristemente, quase a chorar, sem perceber que Dona Aranha fitava-o, fascinada.

- Sim, senhor! Que voz o senhor possui! Que beleza de canto, senhor Pássaro Azul!

E Dona Aranha sorriu, alegrinha da vida. Que felicidade morar naquela casa, com um jardim bem tratado e com um pássaro maravilhoso, todo azul, e que tão fantasticamente sabia cantar!

"Adeus, floresta! Adeus, minhas amigas! Adeus, goiabas gostosas! Nunca mais voltarei a vê-las! Agora, sou uma aranha da cidade. Uma aranha milionária, que vive em um palácio!".

E, sempre risonha, começou a construir uma grande teia de acordo com a beleza do ambiente. Gastou nesse trabalho de arte dois dias e duas noites, sem parar nem mesmo para beber um golinho de água. Quando terminou a construção deu uma risadinha e, orgulhosa, instalou-se no centro da teia.

"Agora, sim, pareço uma rainha... Aliás, não pareço: eu sou uma rainha! A rainha das aranhas!".

E começou a caminhar, vaidosa, pela sua nova teia enquanto o Pássaro Azul a observava.

"Que ingênua que ela é!" - refletia o pássaro, sacudindo a cabeça. "Abandonar a floresta! Eu, a dar a vida para morar na Floresta Maravilhosa, onde há liberdade e alegria, e ela deslumbrada com esta casa, triste e sem muita luz... Ah, meu Deus, porque esta gaiola dourada não se abre, deixando-me livre? Como eu gostaria de voar junto com os pássaros daquela floresta! Mas, estou preso há tantos anos, que, certamente, não sei mais voar... Pobre de mim!".

E, com vontade de chorar, recomeçou seu canto triste.

Passavam-se os dias... E Dona Aranha, então, começou a perceber que o aranhol, apesar de bem tecido, não tinha aqueles lampejos ora prateados, ora dourados, como os aranhóis da floresta... Era de uma cor só: cinzento, fosse o dia ensolarado ou chuvoso. E isso a entristecia. Além do mais, transformara-se numa miserável papa-moscas...

"Na Floresta Maravilhosa eu comia goiabas maduras e deliciosas... Agora, tenho que comer as moscas que caem em meu aranhol!".

Outra coisa que aborrecia Dona Aranha era o silêncio do Pássaro Azul, que absolutamente não lhe dava a menor importância. Era como se ela não existisse.

Estava Dona Aranha nesse estado de ânimo quando, de súbito, sentiu tremendo abalo em sua teia. Viu que os fios se enroscavam uns nos outros, que alguma coisa dura a espremia contra a parede. O que acontecera? Seria um furacão? Assustadíssima, deixou-se cair no chão. E, desesperada, pôs-se a correr! E, olhando para trás, notou que uma vassoura procurava esmagá-la, dando violentas batidas no soalho encerado.

"Meu Deus! É a dona da casa! Quer me matar! Socorro!".

E escondeu-se numa fresta da parede, onde ficou encolhidinha, a tremer, a tremer... Quando o perigo passou, pôs a cabecinha para fora, espiou e, devagarinho, saiu do esconderijo. Seu aranhol, tão bem bordado, já não existia.

- Fuja, Dona Aranha! gritou-lhe, então, o Pássaro Azul, ainda horrorizado com a cena. Vá para o seu verdadeiro lar: a Floresta Maravilhosa! Fuja, enquanto há tempo... Eu vou contar-lhe meu segredo. Quando vivia livre pelas matas cometi atos de maldade: eu maltratava os pássaros pequenos e não respeitava, nem mesmo, meu pai e minha mãezinha. É justo que eu viva preso para sempre! Agora, a senhora sabe porque meu canto é tão triste. Sou muito infeliz nesta gaiola dourada! Mas, eu mereço estar aqui. Fuja e reze por mim!

Nesse momento, novamente a dona da casa surgiu armada com uma vassoura.

- Lá vem ela, mais uma vez! Fuja, depressa, Dona Aranha! E aproveite a liberdade que Deus lhe deu; mas, cuidado com os abusos! Faça sempre o bem ao próximo. Vamos! Corra! Depressa!

E Dona Aranha fugiu em direção à floresta.

"Coitado do Pássaro Azul! Nada melhor do que viver nesta floresta abençoada... A liberdade! Haverá coisa mais preciosa neste mundo?".

E, desde então, toda a vez em que Dona Aranha escuta o canto lindo e triste do Pássaro Azul, enxuga uma lágrima e, em seguida, faz uma prece, rogando a Deus que mande um raio abrir a porta da gaiola dourada.

As crianças, que acabaram de ler ou de ouvir esta história, não devem ficar preocupadas com o Pássaro Azul. Deus, que é infinitamente bom, atenderá a prece de Dona Aranha e o Pássaro Azul ganhará de novo a liberdade, a fim de aproveitá-la para fazer o Bem!

O Macaquinho Sabe-Tudo

Estava o macaquinho Sabe-Tudo pendurado no galho de uma mangueira. Ele era, nessa época, maldoso e caçoista; derrubava o ninho dos passarinhos, jogava cocos na cabeça dos animais e ria, pulando de galho em galho... Seu comportamento, porém, iria melhor de uma hora para outra, causando grande admiração entre os habitantes da Floresta Maravilhosa. Vejamos como isso aconteceu.

Ora, certa vez, Sabe-Tudo percebeu que um filhotinho de esquilo tentava alcançar uma goiaba madura; mas, por mais que pulasse, não o conseguia... O macaco, então, demonstrando suas habilidades de pulador, deu duas cambalhotas e colheu a goiaba, comendo-a em seguida.

O esquilinho, desapontado, começou a chorar e atraiu a atenção de vários animais, que, reunidos em baixo da goiabeira, ameaçaram com seus berros o macaquinho peralta. Lá, no alto, ele ria mostrando as gengivas vermelhas e os dentes amarelos... Depois, sempre rindo, Sabe-Tudo fugiu por entre as árvores, atravessando grande trecho da Floresta Maravilhosa. E, já cansado, dirigiu-se à beira da Lagoa Grande para refrescar-se um pouco e beber água. Ao se abaixar, porém, qual não foi o seu espanto ao ver refletida na água a imagem de um macaco grande e forte, atrás de si! O macaquinho arregalou os olhos sem coragem de virar a cabeça e olhar de frente o grande macaco, que lhe disse:

- Não tenha medo... Sou o espírito de seu bisavô. Você está me vendo porque tem mediunidade. Você é médium vidente. Faz muito tempo que eu desejava falar com você, assim, frente a frente...

- O senhor é pai do pai do meu pai? perguntou Sabe-Tudo, admirado do que ouvia.

- Isso mesmo. Sou seu bisavô e seu Espírito-Guia.

- É meu protetor?

- Sou. Mas, estou muito aborrecido. Quantos desgostos você me tem dado! Hoje, ao vê-lo comer a goiaba que pertencia ao esquilo, resolvi falar-lhe diretamente. Você precisa aproveitar a vida, meu filho, para aperfeiçoar seu espírito. Foi para isso que você nasceu. Não faça mais o mal a ninguém. Se continuar a prejudicar seus semelhantes, em sua próxima vida colherá os resultados de toda a maldade que está praticando. Quem faz o mal, colhe o mal! Está me entendendo?

O macaquinho, de cabeça baixa, respondeu que sim. E o espírito de seu bisavô, abraçando, prosseguiu:

- Nunca se esqueça de minhas palavras. Nunca se esqueça de que todo o mal que fizermos receberemos de volta, mais cedo ou mais tarde! Quem avisa amigo é...

E o Espírito-Guia desapareceu... E Sabe-Tudo ficou durante o resto da noite

sentado à beira da Lagoa Grande, refletindo no que havia se passado.

No dia seguinte, assim que os primeiros raios de sol iluminaram a floresta, Sabe-Tudo, pulando de cipó em cipó, viu um canário recém-nascido cair do ninho. O macaquinho, rápido, conseguiu pegá-lo no ar. A bicharada, ao ver o belo gesto de Sabe-Tudo, entreolhou-se, como quem diz: "O que houve com Sabe-Tudo? Está mudado! Ao invés de rir do canarinho, salvou-lhe a vida!".

Mas, Sabe-Tudo guardou seu segredo e até hoje não o contou para ninguém.

O BESOURO CASCA-DURA (e outros contos) **- 28**
Iracema Sapucaia

Jacaré Coroa

Jacaré Coroa andava cansado de sua vida. Ficava horas boiando na superfície da Lagoa Grande, vendo os peixinhos vermelhos e brincalhões passarem à procura de alimentos e não tinha, como antes, vontade de assustá-los... Antigamente, como se divertia ao vê-los empalidecer de medo!

Jacaré Coroa, agora, de tal modo se irritava com o silêncio da lagoa, que chegava, às vezes, a dar violentas rabadas na água tranqüila com a cauda cascuda e verde... E, de novo, ficava quieto, boiando e ruminando idéias tristes.

O infeliz jacaré, estirado ao sol com a bocarra vermelha cheia de dentes agudos e amarelos, continuava nessa tarde com seus pensamentos negativos, quando viu aproximar-se da margem da lagoa um veadinho de três meses de idade. Jacaré Coroa escondeu-se por trás de uma grande folhagem e esperou... O veadinho, sem perceber o perigo, aproximou-se mais. Com um golpe rápido o Jacaré Coroa, que era muito mau, quase o abocanhou; mas, como estivesse sem apetite e até mesmo enjoado, deixou-o fugir aos pulos floresta a dentro.

"Em que estado me encontro!" - exclamou em voz alta. "Nem a carne macia de um veadinho me atrai!".

E começou a chorar, derramando grossas lágrimas.

Enrolada no galho baixo de uma perobeira, Dona Cascavel, maldosa, também assistia o drama do jacaré. Ao vê-lo chorar, resolveu interrogá-lo, cheia de curiosidade.

- Afinal, o que se passa? Que manha é essa, senhor Jacaré Coroa? Tamanho bicho chorando como se fosse um filhote?

Jacaré Coroa, que julgava estar só, irritou-se com a observação, mas resolveu contar tudo...

Dona Cascavel, que não perdia oportunidade para fazer o mal, enrolou-se melhor no tronco da perobeira e disse, maliciosa:

- O senhor está sofrendo de um mal que não tem cura... Veja bem! Não gosta mais da Lagoa Grande, onde nasceu; não gosta de nenhum animal da Floresta Maravilhosa; não gosta nem de se divertir mais, e, pelo que vejo, até mesmo não quer se alimentar... O seu mal, senhor Jacaré, chama-se "tédio", ou seja, uma tristeza horrível... Dia a dia, o senhor irá emagrecendo, até que a morte o levará para a cova. Desista, meu amigo, de procurar remédio, pois não há para o seu caso...

Irá morrer de tristeza!

E Dona Cascavel, irônica, acrescentou:

- É bom começar, desde já, a se despedir dos parentes...

E deu uma risadinha, que o jacaré não percebeu. E afastou-se por entre as folhas, silenciosamente.

O jacaré ficou pensativo. Dona Cascavel devia estar com a razão... Seu mal não tinha cura, pois há quanto tempo andava entediado? E, coisa muito estranha, não tinha motivos para tristeza... Nesse momento, porém, surgiu o Macaquinho Sabe-Tudo, médium vidente bem desenvolvido. E o que ele viu foi o seguinte - ao lado do Jacaré Coroa o espírito de um jacaré velho e feio.

"Coitado do Jacaré Coroa!" - exclamou Sabe-Tudo, dando pulos à margem da Lagoa Grande. "Tem um espírito obsessor ao lado! Vou avisá-lo, já!".

E, mais que depressa, contou-lhe o que vira. O Jacaré Coroa arregalou os olhos.

- Ah, então é ele a causa da minha "doença"?

- Sim, respondeu Sabe-Tudo, levantando o dedo. Ele transmite os pensamentos de desânimo e você os recebe. E como você não é médium vidente nada percebe...

- E o que devo fazer?

- É simples. Você se libertará do espírito do jacaré feio não aceitando os pensamentos dele... E tornando-se, daqui por diante, amigo de todos os animais. O Bem é sua arma! Só o Bem afasta o mal... Lembre-se disso! E reze.

E assim fez Jacaré Coroa. E, até hoje, é um dos mais felizes animais da Floresta Maravilhosa!

A formiguinha Toc-Toc

O maior formigueiro da Floresta Maravilhosa amanhecera em festa. Haviam nascido muitas formiguinhas ruivas e gorduchinhas. A bicharada, em algazarra, aproximou-se, devagar, para conhecer as novas carinhas. Quando foram trazidas para fora do formigueiro os animais bateram palmas; notaram, porém, que havia uma bem magrinha e muito pálida. Seu corpo não era bem feito quanto o das outras irmãzinhas e uma das perninhas era até mais curta. Seus olhos tristes causavam dó. Os animais nada comentaram porque eram educados, mas afastaram-se um tanto desapontados.

E o tempo foi passando... As formiguinhas, já crescidas, ajudavam as mais velhas nos afazeres domésticos. Dava gosto vê-las passar como um riozinho escuro sobre a relva, carregando folhas secas. Atrás da fila vinha sempre a formiguinha defeituosa, mancando: tóc-tóc-tóc, com sua perninha mais curta apoiada em um gravetinho seco que lhe servia de muleta. Quando ela passava os animais da Floresta Maravilhosa se entreolhavam e, balançando a cabeça, diziam:

- Coitada da Toc-Toc!

E Toc-Toc ficou sendo seu apelido.

Quando o sol se escondia no horizonte a fila de formigas voltava para casa. Todas bem cansadas, mas felizes, cheias de esperança no futuro: menos, Toc-Toc que, sempre triste, jogava-se na caminhada a dizer consigo mesma: "Como sou feia e desajeitada! Certamente, Deus gosta mais das minhas irmãs que são lindas!".

Assim dizia ela, certa noite, sem perceber, no entanto, ao lado da cama o espírito de sua protetora: uma bela formiga que brilhava como uma estrela! Desde que Toc-Toc nascera vinha ela tentando ajudá-la; mas, por mais que a envolvesse em seus pensamentos positivos, cheios de fé e esperança, não conseguia com que Toc-Toc se tornasse alegre. Foi, então, que teve a seguinte idéia: "Vou fazer a Toc-Toc viver uma aventura espiritual, que vai transformar o seu modo de pensar... E será nesta noite!".

E esperou que Toc-Toc fechasse os olhinhos, o que não demorou. E a formiga protetora levou o espírito de Toc-Toc para uma região muito linda no mundo espiritual, onde vivia uma grande colônia de formiguinhas luminosas. Toc-Toc ficou maravilhada com o que viu; aquelas formiguinhas brilhantes, a relva macia e irradiando também luz... E que perfume suave havia em tudo! Foi, então, que perguntou à sua protetora o que deveria fazer para merecer viver em um mundo tão belo quanto aquele. E a formiga protetora, erguendo a patinha luminosa, respondeu:

- É fácil. Você deve viver na Terra cheia de confiança em Deus, que é criador do universo e da vida. Não permita que pensamentos tristonhos tomem conta de sua cabecinha. Trabalhe com alegria, seja bondosa com todos e, mais tarde, virá viver aqui, onde estamos! Eu prometo.

- E minha perninha mais curta? Como ser feliz com ela?

- Todas as formigas luminosas que você está vendo já viveram na Terra e muitas tiveram problemas piores que o seu. Mas, venceram as dificuldades! Um dia, você saberá o motivo pelo qual nasceu assim. E agora vamos voltar para a sua casa, minha amiguinha. O sol vai nascer e suas irmãs daqui a pouco acordarão. Venha comigo. Mas, antes que seu espírito retorne ao corpo, aceite esta flor. É um presente!

Toc-Toc pegou a flor colorida e luminosa e... acordou! Acordou bem disposta e feliz. "Que linda aventura acabei de ter! Pena que foi um sonho!" - e saiu da cama e, arrastando-se, foi buscar a muletinha que estava apoiada em uma das pareces de seu quarto. E, com grande espanto viu a flor que a protetora lhe havia dado... "Será possível? Estou, mesmo, vendo a flor ou será que tudo não passa de um sonho?".

Sim, Toc-Toc estava acordada e via a flor. E, emocionada, pegou-a, beijou as pétalas luminosas e, pela primeira vez, foi cantarolando trabalhar. E nunca mais suas irmãs viram Toc-Toc se queixar da perninha curta.

O BESOURO CASCA-DURA (e outros contos) - **36**
Iracema Sapucaia

A Borboleta Azul

O BESOURO CASCA-DURA (e outros contos) - 37
Iracema Sapucaia

Finalmente, a Borboleta Azul saiu do casulo, abriu as asas cintilantes e olhou, extasiada, a Floresta Maravilhosa. E, cheia de curiosidade, resolveu dar seu primeiro passeio, a fim de conhecer o local onde havia nascido.

Ao ver suas grandes asas batendo ao sol, disse um coelho, sacudindo os bigodes:

- Que borboleta encantadora! Parece uma bailarina dançando no ar!

Borboleta Azul, como peito estufado de convencimento nem agradeceu o elogio e continuou a voar, voar... Ao chegar no meio da Lagoa Grande pousou em Jacaré Coroa, que ela julgou ser um tronco de árvore... E olhou os peixinhos que a vinham cumprimentar.

- Olá! Olá! diziam eles, soltando bolhinhas de ar.
- Que linda borboleta azul! comentava um.
- Que asas elegantes! dizia outro.
- Como pode ela ser tão maravilhosa?

E logo um cardume enorme, fazendo algazarra formou-se em volta de Jacaré Coroa que, acordando, deu com o rabo na água e espantou os peixinhos. Borboleta Azul, então, ergueu vôo em direção a uma árvore muito alta.

Em sua cabecinha, agora, fervilhavam mil pensamentos e, vaidosa, dizia baixinho:

"Sou linda, mesmo! Nasci para ser elogiada por esses bichos feios e desengonçados. Quero ser tratada por eles como uma rainha, pois não é sem motivo que Deus me deu estas asas azuis e este corpinho esbelto!".

Aconteceu, porém, que naquele momento o sol desapareceu e uma ventania muito forte começou a assobiar... Os galhos sacudiam-se, as nuvens tornaram-se escuras e uma chuva grossa desabou em toda a floresta. Borboleta Azul tentou firmar-se em um galho, mas a violência do temporal lançou-a contra o chão. Com as asas molhadas, ela gritava por socorro:

- Salvem-me! Peixinhos da Lagoa Grande, acudam-me! Socorro!

O barulho da ventania, porém, escondia seus gritinhos. Foi, então, que Borboleta Azul sentiu muita dor em uma das perninhas e não pôde mais lutar contra as águas, que a levaram...

Faz um ano que este triste caso aconteceu.

Em um dia de sol, porém, nasceu em um dos formigueiros da Floresta Maravilhosa uma grande quantidade de formiguinhas ruivas. Entre elas havia uma, cujo corpinho não era bem feito; uma de suas perninhas, até, era mais curta que as outras...

O macaquinho Sabe-Tudo, sendo médium, logo percebeu que esta formiguinha, que ficara conhecida na Floresta Maravilhosa pelo apelido de "Formiguinha Toc-Toc" (por causa de uma muletinha que usava) era a reencarnação da vaidosa Borboleta Azul!

Reencarnara ela num corpinho feio e doente, a fim de aprender a grande lição da humildade...

O Sapo e a Pomba

De repente, escutou o barulho de algo que caíra na lagoa; saiu detrás da pedra que lhe servia de abrigo e notou sobre a água cristalina uma asa aberta, flutuando, tão branca quanto a neve. Sapo Bufo não pestanejou; subiu na pedra e tchibum! mergulhou e viu, então, que se tratava de uma pombinha que lutava para não se afogar. Inteligente, fez com que a avezinha se apoiasse sobre o seu rugoso dorso e, como se fosse um barquinho, transportou-a para a margem. Colocou-a sobre a relva florida e, devagar, com suas grossas patas examinou-a. Realmente, tinha ela um ferimento que sangrava muito.

"Ainda bem que está, apenas desmaiada! Esse ferimento deve doer bastante!" - pensou Bufo, movendo a cabeça.

Bufo conhecia bem os vegetais que nasciam em redor da lagoa, sabia de cor os que curavam dor-de-barriga, dor nos olhos e feridas de todas as espécies. Escolheu, pois, aqui e ali, dando saltos, umas folhinhas macias que faziam parar o sangue das machucaduras, amassou-as bem e colocou a massa verde sobre a ferida. E esperou o resultado.

Nessa noite, Sapo Bufo não fez sua caçada costumeira de insetos e larvas. Apesar do estômago vazio, ele não saiu nem um instante de perto da pombinha. De vez em quando, ela soltava um piozinho doloroso, como se estivesse sentindo muita dor. E Bufo, preocupado, dizia consigo mesmo: "Coitadinha! Será que vai morrer? É tão linda! Deus há de ajudá-la!" - e ali ficou horas e horas, olhando-a.

No dia seguinte, a pomba começou a melhorar. Bufo, então, saiu à procura de alimento.

"Um alimento bem forte é do que ela precisa!" - pensava ele, embrenhando-se pelas folhagens.

Enquanto isso, Pombinha Branca, trêmula, ainda, começou a abrir os olhos, devagar. Quis levantar o corpo, mas sentiu uma forte dor debaixo da asa esquerda. "O que está acontecendo comigo? Por que estou aqui?" - pensou ela, agitada.

Escutou, porém, um barulho e viu, a certa distância, um enorme sapo verde que vinha, aos saltos, em sua direção. Virou a cabeça para não ver tanta feiura e conservou-se quietinha com os olhos fechados. Bufo chegou cansado, mas feliz, pois conseguira uma porção de coisas gostosas para a sua doentinha. Abriu-lhe o bico e enfiou nele tudo quanto trouxera. Pombinha Branca, ao sentir o sabor dos alimentos, engoliu-os, rapidamente. Bufo, alegre, deu três pulos e seus enormes olhos redondos encheram-se de lágrimas. E disse com sua voz grossa:

- Afinal, você está salva, Pombinha Branca! Como estou alegre! Deus a ajudou!

Pombinha Branca, então, olhou-o de frente, viu-lhe o corpo desajeitado, de pele verde, rugosa, as patas grosseiras e a boca enorme. Ao fixar, porém, os seus olhos redondos percebeu a bondade de seu coração. E disse:

- Estou muito agradecida pelo que o senhor fez. Então, foi o senhor quem tratou de mim...

Bufo, um tanto envergonhado, confirmou com a cabeça e disse, humilde, com sua voz grossa e rouca:

- Não precisa me agradecer...

Pombinha branca pôs a patinha sobre as feias patas de Bufo, num gesto de carinho, e acrescentou:

- Não esquecerei o que o senhor fez por mim. Desejo que nossa amizade dure eternamente!

E os dois tornaram-se grandes amigos. Mas, como a pombinha, constantemente, estivesse voando e Bufo nadando na lagoa, ambos só se encontravam de vez em quando. Ela lhe acenava com uma das asas, lá do alto, e ele respondia, coachando. A distância, porém, não diminuía a amizade. Eles estavam unidos pelo pensamento. Bufo adivinhava as dificuldades da amiga e ela sabia quando ele não estava bem.

Um dia... Ora, o maior medo de Bufo era encontrar Dona Cascavel, sua vizinha. Incontável o número de parentes e amigos seus que ela engolira. Apesar dos constantes cuidados, um dia, à margem da Lagoa Grande, aconteceu o inevitável. A cobra, aproveitando-se de uma distração de Bufo, colocou-se à sua frente. Ao ver os olhos maus de Dona Cascavel, Bufo sentiu forte tontura e vontade de dormir. A cobra começou,

então, a rastejar para abocanhá-lo...
Enquanto isso, Pombinha Branca, em seu ninho, parecia adivinhar o perigo.
"Sinto que Bufo está em dificuldade! Alguma coisa está me avisando. Vou vê-lo!".
Levantou vôo e dirigiu-se à lagoa.
De longe, avistou o amigo em apuros. Bufo, imóvel, e Dona Cascavel avançando, devagarinho...
Foi, então, que Pombinha Branca, tão delicada e fraquinha, reuniu todas as suas forças e mergulhou em direção à cobra, como se fosse um avião...

Bufo aproveitou a confusão e, depressa, escondeu-se no fundo da lagoa, enquanto Pombinha Branca, vitoriosa, voava para o azul infinito do céu.

Muitos anos se passaram e até hoje eles são amigos. Bufo e Pombinha Branca sabem que nem o tempo e nem sequer a morte poderão destruir uma amizade conquistada com tanto sacrifício e com tanto amor!

O Coelhinho Branco

Dos quatro filhos de Dona Coelha o mais engraçadinho era um coelho branco de olhos cor de rosa. Mas, era tão engraçadinho quanto leviano... Com que facilidade enganava os irmãos e até sua própria mãe!

Certa vez, sumiram umas cenouras que ela colhera para o almoço e o Coelhinho Branco, ao ser interrogado, piscou os olhos e fez uma carinha ingênua, dizendo logo:

- Não fui eu, mamãe! Talvez, tenha sido o nosso vizinho quem pegou as cenouras...

Quando aconteciam coisas, assim, o Coelhinho Branco escondia-se em um lugar qualquer para rir, rir, levantando e abaixando suas grandes orelhas peludas, brancas como a neve.

Ora, Dona Coelha, certo dia, precisou fazer uma curta viagem. Ela soubera que, nas proximidades do Riacho Doce crescia um capim, tenro e gorduroso, ideal para a alimentação dos filhos. Preocupada, porém, com o comportamento dos quatro filhos, chamou-os e disse:

- Vou fazer uma viagem. Mas, durante minha ausência quero que se comportem, direitinho. Prometem para a mamãe?

- Prometemos, responderam em coro os coelhinhos.

- Promete, mesmo, Malhado?

- Prometo, respondeu com voz forte um coelhinho com manchas marrons.

- E você, Pretinho?

- Sim, mamãe, vou ficar comportado durante sua ausência, disse, carinhoso, o coelhinho preto.

- Promete, Ruivo?

- Naturalmente; pode viajar, tranqüila, respondeu o mais gordo dos coelhos.

- E você, Branquinho? Como vai se comportar?

- Como sempre, bem quietinho! respondeu ele, fazendo uma carinha de "inocente" e mostrando os dentes muito brancos.

Mas, já em sua cabecinha uma idéia começava a fervilhar... E foi só Dona Coelha virar as costas e ele comentou com os irmãos:

- Estamos livres! A mamãe já se foi! Vou aproveitar bem a sua ausência. Ah, ah, ah!

Se Coelhinho Branco fosse vidente teria visto nesse instante uma figura feia aproximar-se... Era o espírito de um coelho de olhos e bigodes cor de fogo que, atraído por suas más intenções, resolvera permanecer ao seu lado, a fim de prejudicá-lo. E Branquinho, despreocupado, foi até os arbustos que nasciam perto da toca, tirou alguns galhos, amarrou-os com cipós e com eles fez uma pequena embarcação. Em seguida, arrastou-se até o rio e prendeu-a em um toco de árvore para que a correnteza não a levasse. E foi, depressa, chamar os irmãos.

Enquanto isso, o espírito do coelho mau ria, pensando: "Este bobinho está fazendo tudo quanto eu quero... Eu transmito o pensamento, mandando ele fazer uma embarcação, e o bobinho na mesma hora obedece! Como é fácil dominá-lo! Vai, vai, Branquinho, chamar os seus irmãos para passear no rio... Vai, que estou aqui esperando por vocês! Ah, ah, ah!".

Branquinho, longe de perceber o que se passava consigo, gritou para os irmãos:

- Malhado, Pretinho, Ruivinho! Venham!

Os coelhinhos vieram, correndo, e entraram na embarcação; menos, Pretinho, que disse:

- Acho que não devemos brincar no rio. Se a mamãe souber...

- Ela não vai saber. Vamos, entre logo!

E Pretinho acabou entrando, juntamente com o espírito invisível do coelho negro de olhos e bigodes cor de fogo...

A embarcação começou a deslizar pelo rio de águas escuras e, no começo, tudo correu bem. Era divertido apreciar as paisagens que se sucediam, umas mais lindas que as outras. À medida, porém, que o volume de água aumentava, também aumentava a velocidade da embarcação, que corcoveava e rodopiava no meio da correnteza. Um pouco mais adiante, porém, o rio despencava de grande altura e a embarcação se aproximava do despenhadeiro... Quando os coelhinhos perceberam o perigo começaram a gritar.

- Socorro! Socorro!

Dos quatro coelhinhos o mais religioso era o Pretinho. Olhou o céu azul e fez, imediatamente, uma oração a Deus. E a embarcação se aproximando cada vez mais do abismo... Mas, a prece de Pretinho foi ouvida por Deus e teve o poder de afastar o espírito do coelho mau de bigodes de fogo. E a embarcação, que estava prestes a desabar, encalhou, de repente, em um enorme tronco que boiava. Os coelhinhos estavam transidos de pavor. Foi, então, que perceberam que o tronco não era, senão, o bondoso Jacaré Coroa, que, usando toda a sua força, empurrou a embarcação para a terra firme.

Quando Mamãe Coelha voltou da viagem, Branquinho, pela primeira vez, prometeu, com lágrimas nos olhos, ser o mais exemplar de todos os coelhos da Floresta Maravilhosa.

E Branquinho cumpriu sua palavra!

Tatu-Bola

Tatu-Bola não queria camaradagem com nenhum bicho da Floresta Maravilhosa. Carrancudo, sua vida era fazer buracos com as unhas pontudas à cata de formigas que logo devorava, estalando os beiços. Bem que os animais gostariam de tê-lo como amigo, mas qualquer tentativa de aproximação era inútil; ele não respondia nem mesmo aos cumprimentos! E, por isso, os animais andavam aborrecidos.

- Vejam! dizia Dona Coruja. Lá está ele de novo fazendo buracos! E sempre sozinho. Que tatu esquisito!

- Nem dos passarinhos ele gosta! piaram, tristemente, vários canários a um só tempo, enfileirados em um galho de amoreira.

- Pois sabem vocês o que penso dele? gritou, nervoso, o Papagaio Real.

O BESOURO CASCA-DURA (e outros contos) - **49**
Iracema Sapucaia

Eu penso que...

Mas, não terminou a frase. O macaquinho Sabe-Tudo, que era o médium vidente da floresta, sacudiu o dedinho peludo e exclamou:

- Não critiquem o nosso irmão Tatu-Bola. Lembrem-se de que a mãezinha dele, quando estava encarnada, ou seja, viva entre nós, cercava o filho de carinho e amor. Mas, ela passou para o mundo espiritual e ele, agora, está só, muito só... Coitado do Tatu-Bola!

- Está sozinho porque quer, falou Dona Coruja, arregalando os olhos. Nós queremos ser amigos dele!

- Dona Coruja tem razão! gritaram os animais.

Macaquinho Sabe-Tudo, vendo que todos estavam ficando exaltados, deu por encerrada a discussão e foi pulando de cipó em cipó para a sua árvore predileta - um comprido coqueiro.

A lua já brilhava no céu estrelado...

Em noites enluaradas, Tatu-Bola, às vezes, saía da toca para dar uma olhadela pela vizinhança. Há muitos meses vinha ele espreitando um enorme formigueiro. Só de pensar em comer umas formiguinhas saúvas, sua boca se enchia de água.

E saiu da toca, devagarinho. De repente, lembrou-se da Onça Pintada e todo o seu corpo estremeceu... E se ela andasse rondando ali por perto? O Tatu-Bola tornou a tremer da cabeça aos pés; mas, mesmo assim, continuou a caminhar pelo mato escuro... Estava com tanta fome e as formiguinhas saúvas eram tão gordinhas! E esqueceu a Onça Pintada... Mas, alguém vigiava os passos de Tatu-Bola - era Dona Coruja, que não dormia de noite.

"Onde irá ele a estas horas? E como vai cauteloso! Parece estar com medo de alguma coisa..." - refletiu ela, piscando os olhos.

Tatu-Bola já se encontrava perto do formigueiro. Arreganhou as unhas compridas e, quando ia cavar, ouviu um forte miado atrás de si. E olhou... E viu a boca vermelha da Onça Pintada. Era impossível fugir. O único jeito era transformar-se em uma bola... E, rápido, dobrou o corpo e tomou a forma de uma bola incapaz de ser furada, pois seu couro era duro como o ferro! A onça, que não esperava por essa, ficou mais raivosa. E pensou: "Vou ficar quietinha... Quando ele botar a cabeça para fora verá uma coisa!".

Nesse instante, Dona Coruja, que tudo presenciava, soltou fortes pios para despertar os animais da floresta. Em poucos segundos eles vieram; mas, ninguém teve coragem de socorrer o Tatu-Bola...

No alto de uma árvore o macaquinho Sabe-Tudo continuava a dormir. E sonhava. Ele sonhava com os mundos habitados por lindos animais luminosos. E, ainda dormindo, viu o espírito da mãe de Tatu-Bola, que lhe disse, aflita:

- Salve o meu filho, Sabe-Tudo! Ele está em grande perigo!

E Sabe-Tudo acordou. Esfregou os olhinhos e, recordando as palavras do espírito, lançou-se aos pulos, de galho em galho, em direção da Onça Pintada, a qual continuava com as patas em cima de Tatu-Bola... Os animais, ao ver Sabe-Tudo, encheram-se de coragem.

- Vamos, bicharada! gritou Sabe-Tudo. Salvemos nosso irmão!

Quando a Onça Pintada viu aquela quantidade de animais, numa mistura de pelos, plumagens, bicos, patas, avançar para ela, fugiu e está correndo até agora... E o Tatu-Bola, devagarinho, deixou de ser "bola"...

Esta lição foi muito importante para Tatu-Bola, que aprendeu, afinal, que neste mundo o que vale, mesmo, é a amizade - o amor que temos aos outros e que os outros têm por nós. E aprendeu, também, que sua mãezinha, sendo um espírito de luz, continuava a zelar por ele!

Papagaio Real

Papagaio Real era o maior contador de novidades da Floresta Maravilhosa. Mas, nem sempre dizia a verdade.

Certa vez em que os animais se ocupavam de seus afazeres diários, Papagaio Real chegou nervoso, esticou o pescoço várias vezes, abriu as asas verdes com algumas penas amarelas, empinou o peito e exclamou:

- Currupacopapaco! Vocês já sabem o que aconteceu no outro lado da nossa floresta?

A bicharada entreolhou-se.

- Não sabem? Pois, eu conto! Apareceu um bicho muito estranho! Seu pelo é negro como o urubu. Seu berro estremece as montanhas. Os chifres parecem duas lanças. Nunca vi um bicho igual. É um monstro!

Ao ouvir a novidade a bicharada menor começou a tremer e a se lamentar. Que bicho horrível seria aquele? De onde viera? Que pretendia na Floresta Maravilhosa?

E Papagaio Real prosseguiu, depois de gingar o corpo e dar três passos à frente e três passos para trás:

- Que bicho é não sei. Ele derruba árvores, ataca quanto bicho vê, não respeita nada! Se escapei é porque sou esperto. Saibam que ele é faminto... Já comeu todos os frutos e até a grama dos nossos campos... Nossos irmãos estão morrendo de fome e, o que é pior, morrendo nas garras dessa fera!

E, assim falando, sem parar, bateu asas... Currupacopapaco! Por onde passava dava a mesma notícia e deixava atrás de si o medo e a confusão.

O caso parecia de vida ou morte. Ou os animais venciam o monstro que ameaçava a segurança de todos ou a vida cheia de paz e beleza na Floresta Maravilhosa iria terminar... Preocupados, resolveram marchar, todos juntos, para o outro lado da floresta onde se encontrava o monstro.

A caminhada era longa e difícil. Havia trechos em que os galhos das árvores se entrecruzavam com os cipós e as plantas espinhosas. Os animais estavam feridos e cansados. Muitos ficaram pelo caminho e outros desapareceram...

Quando os animais, finalmente, chegaram nas proximidades onde estava o monstro, já o sol começava a se esconder atrás da serra... E todos viram, ao longe, o vulto de um animal enorme. Aproximaram-se, então, lentamente; mas, fizeram barulho e ele virou a cabeça. E todos os animais ficaram surpresos - o monstro, a fera terrível, nada mais era do que uma vaca que, tranqüilamente, pastava...

- Ora, vejam só! É a senhora Malhada! exclamaram os animais, desapontados.

Papagaio Real caiu no descrédito da bicharada da Floresta Maravilhosa. Nunca mais ninguém lhe deu ouvidos quando gritava currupacopapaco! Ainda quando dizia a verdade ninguém lhe prestava atenção. Papagaio Real morreu velho e sozinho...

Mas, a sua história não termina aqui.

Muitos anos se passaram e, num belo dia, no ninho de Mãe Urubú nasceu um urubuzinho feinho, feinho... Pois o espírito desse urubuzinho era a do antigo Papagaio Real!

Ele renascera como ave, mas... sem a sua bonita voz, a fim de que aprendesse a não contar mais lorotas.

O BESOURO CASCA-DURA (e outros contos) **- 56**
Iracema Sapucaia

A Preguiça Dorminhoca

Dorminhoca, agarrada ao tronco de uma imbaúba, viu com os olhos pesados de sono o movimento na Floresta Maravilhosa: os macaquinhos soltando guinchos estridentes de galho em galho, Dona Aranha concertando a teia, Jacaré Coroa boiando nas águas da Lagoa Grande...

A preguiça Dorminhoca admirava-se

dos gestos elegantes da bicharada e imaginava como seria bom se ela não fosse feia e tão desajeitada em seus movimentos... E Dorminhoca acabou dormindo recostada em dois galhos fortes. E teve um sonho.

Ela sonhou que era uma preguiça linda, de pelos brancos e macios. Os olhos azuis pareciam duas estrelas e as unhas rosadas agarravam-se, ao tronco, muito graciosas... E Dorminhoca, sonhando, viu uns morangos vermelhinhos e, num pulo elegante, veio ao chão; comeu os morangos e, sempre se sentindo linda e leve, mergulhou na água fresquinha da lagoa e nadou tão rápida quanto os peixes... Depois, enxugou-se ao sol e foi ajudar a bicharada no trabalho diário. E ria, feliz! E, de tanto rir... acordou!

Dorminhoca acordou, esfregou os olhos e viu que continuava a ser a preguiça de sempre: pesada, muito gorducha e sonolenta. Levada por tristes pensamentos começou a se lamentar no galho da imbaúba:

- Ai, como sou infeliz! Não quero mais ser feia! Não quero mais ser desajeitada! Ai! Ai! Ai

Os macaquinhos começaram a rir alto, ouvindo aquelas queixas. O macaquinho Sabe-Tudo, ao perceber a traquinagem de seus sobrinhos, espantou-os e acercou-se, carinhoso, da preguiça Dorminhoca, dizendo:

- Bom dia, Dona Dorminhoca! Por que se lamenta assim? O que houve?

- Ai, senhor Sabe-Tudo! Como sou infeliz... Para dar vinte passos eu gasto meia hora! Sou muito lenta! Meus músculos trabalham devagar... Como eu gostaria de ser como o senhor, que pula de galho em galho! Ou como os passarinhos, que voam, voam pelo espaço azul... Mas, qual! Nasci feia e desajeitada! Que fiz para merecer um destino tão ruim?

O macaquinho, que bem merecia o apelido de Sabe-Tudo, fechou os olhos, concentrou-se e teve uma visão espiritual. E explicou, então:

- Vejo Dorminhoca, que numa vida anterior a senhora foi diferente do que é agora. Nesse tempo a senhora era uma anta muito linda, mas preguiçosa e desobediente. Nunca trabalhou, nem mesmo para ajudar sua mãezinha doente... Passou a vida dormindo e fazendo travessuras; por isso, acabou se embrutecendo!

- É por isso, então, que renasci sem agilidade e sempre com muito sono?

- Não tenha dúvida, minha amiga.

Dona Dorminhoca ergueu, lentamente, a cabeça, piscou os olhos e perguntou:

- E agora, Sabe-Tudo? Como poderei recuperar o tempo perdido?

O macaquinho tornou a concentrar-se e, inspirado pelo seu Espírito Guia, disse:

- Deus, que é Pai nosso, não nos abandona. A senhora tem oportunidade como qualquer um de nós de fazer o Bem. Somente fazendo o Bem se sentirá feliz. Comece hoje mesmo a fazer o Bem, que a senhora, numa próxima vida, nascerá em condições melhores. Lembre-se disso, minha boa amiga! Deus é Pai e nos ama. Medite sempre nas minhas palavras.

E Dorminhoca meditou.

Sabe-Tudo tinha razão. Ela podia fazer o Bem como qualquer bicho da Floresta Maravilhosa, apesar de ter os movimentos muito lentos...

E, desde esse dia, passou a ser a preguiça menos preguiçosa do mundo!

O Peixinho Bola Branca

Na Lagoa Grande viviam peixes coloridos de vários tipos, rãs, sapos e uma família de jacarés - a respeitável família de Jacaré Coroa. E todos se amavam.

Em certa manhã, porém, saiu das profundezas da lagoa um peixe desconhecido, muito forte e mal encarado. Era a primeira vez que ele deixava a toca no meio do lodo. E foi subindo, subindo... E quanto mais subia mais as águas ficavam claras, o que o deixou intrigado. Ao chegar à superfície ficou tonto com as belezas que viu - o sol refletindo-se nas águas tranqüilas, o céu azul, as flores em volta da lagoa...

"Que espetáculo!" - exclamou ele, arregalando os olhos.

E viu passar um cardume de peixinhos prateados, brincando de soltar bolhas de ar.

"Sim, senhor! Eu, vivendo no lodo, e eles aqui em cima, no meio de tantas maravilhas!".

E, invejoso, mostrou os dentes.

Os peixinhos prateados continuavam a brincar e, de repente, viram Dom Bagrão e fugiram, apavorados, gritando:

- Que peixe é esse? De onde veio? O que quer?

Dom Bagrão deu uma gargalhada.

- Ah, ah, ah, ah! Estão com medo, heim? Eu me chamo Dom Bagrão! E sou o rei da lagoa! E não quero mais ver nem um peixinho brincando. A partir de hoje trabalharão para mim. Venham todos aqui!

Os peixes aproximaram-se, devagarinho e trêmulos; menos, Bola Branca, que fingiu não escutar.

- Você, também! Venha aqui!

Bola Branca veio e Dom Bagrão acrescentou com sua voz forte e rouca:

- Eu vivia no fundo da lagoa, mas, agora, viverei entre vocês. Vamos, comecem já a trabalhar para mim, trazendo alimentos escolhidos e gostosos...

Os peixinhos obedeceram, ligeiros; menos, Bola Branca, que, escondido, refletia, distante: "Nossa vida sempre foi alegre e cheia de paz... Agora, estamos todos em perigo... Com que direito Dom Bagrão nos quer escravizar? Ele é mau e devia continuar no lodo... Seu lugar é lá, e não aqui!".

E, revoltado, Bola Branca acabou adormecendo. E teve um lindo sonho. Sonhou que estava ao lado de um espírito de muita luz; um peixe tão brilhante, que chegava a iluminar as águas da lagoa.

- Quem é o senhor? perguntou Bola Branca ao espírito.

O peixe luminoso respondeu:

- Sou o Espírito Guia que orienta a vida de todos os peixes da lagoa.

- Que bom! disse Bola Branca. Então, eu e meus irmãos seremos salvos pelo senhor!

- Salvos? Eu não vejo ninguém em perigo...

- Dom Bagrão está nos escravizando! explicou Bola Branca.

O peixe luminoso sorriu, dizendo:

- Nada há a temer. Foi Deus, o Criador da Vida, quem permitiu que Dom Bagrão saísse do lodo e viesse morar com vocês.
- Mas, Dom Bagrão é mau! insistiu Bola Branca. E nós somos bons. Ele não pode viver ao nosso lado.
- Ele é mau, mas não tanto... Por isto, meu filho, deixou o lodo e está maravilhado com a luz. Dom Bagrão está passando por uma transformação e necessita de amparo. O Bem sempre vence o mal, não tenha dúvida. Ajudemos, pois, Dom Bagrão, amando-o, e ele se modificará por completo. Já se esqueceu de que devemos amar aos nossos inimigos? Amar quem só nos faz o bem é maravilhoso e fácil, meu filho; mas, amar aos inimigos, é sublime! Pense bastante nisso.

Bola Branca pensou.

- O senhor tem razão. Amar os inimigos é, mesmo, sublime!
- Vamos, então, ajudar Dom Bagrão?
- E se ele não quiser ajuda?
- Vamos ajudá-lo, mas em silêncio. Devemos fazer sempre a caridade que não humilha, ou seja, sem ostentação. Aconselho, pois, que todos os peixes da lagoa se reunam hoje, à noite, e façam uma prece. Peçam a Deus que Dom Dragão compreenda que a violência nunca resolveu problema algum e só traz graves complicações. Façam a prece e garanto que todos terão duas surpresas!

Bola Branca quis perguntar que surpresas eram, mas... acordou nesse momento! E, lembrando-se das palavras do peixe luminoso, nadou com rapidez e foi contar o sonho aos seus amigos. Concordaram todos em fazer a prece naquela mesma noite. E, assim que Dom Bagrão dormiu, os peixinhos reuniram-se e, silenciosamente, oraram a Deus; mas, com tanto amor, que se tornaram luminosos!

- Que beleza! exclamou Bola Branca. A prece nos fez ficar tão brilhantes quanto o espírito que vi no sonho!

A segunda surpresa não demorou. Dom Bagrão, que não estava dormindo (ele, apenas, fechara os olhos) havia visto os peixes orarem em seu benefício... E, envergonhado das maldades que sempre praticara, aproximou-se dos peixinhos e, humilde, pediu-lhes perdão.

- Estou perdoado?
- Viva Dom Bagrão! Viva o Dom Bagrão! responderam os peixinhos, muito alegres.

E, soltando bolhinhas de ar, beijaram Dom Bagrão; inclusive, Bola Branca, que se tornou o seu maior amigo.

A Lição do Jabuti

A águia abriu as grandes asas e ergueu vôo. E viu na Floresta Maravilhosa vários porquinhos brincando de rolar pela grama. "Onde estará a mãe deles?" - pensou ela. E, como não visse dona Porca pelas redondezas, voou com rapidez em direção dos porquinhos e... zás! levou um para o seu ninho na montanha azul.

- Pare de chorar, disse a águia. Não vou lhe fazer mal. Eu vivo sozinha e você será tratado como se fosse filho meu.

Mas, o porquinho continuava a chorar, cada vez mais alto, chamando pela verdadeira mãe.

- Já lhe disse para não chorar nem gritar. Não quero ficar irritada e castigar você.

Enquanto isso, lá em baixo, Dona Porca e seus filhinhos continuavam desesperados com o que acontecera. Foi quando vários animais, ouvindo lamentações, aproximaram-se, perguntando o que houve.

- A águia levou para o pico da montanha um de meus filhinhos! Ajudem-me!

Por favor, ajudem-me... Quero meu filhinho mais novo de volta!

Os animais entreolharam-se.

- Eu gostaria de ajudá-la, disse o tamanduá. Mas, não posso; não tenho forças para subir a montanha, que é muito alta!

- E o senhor Quati?

- Eu?

- Sim. Pode me ajudar?

O quati sacudiu a cabeça, negativamnete.

- Ah, não posso... Tenho medo de Dona Águia!

Nesse momento, aproximou-se, devagarinho, o jabuti conhecido pelo apelido de "Capacete", devido à sua casca. E foi logo dizendo:

- Se a Doa Porca quiser estou aqui para ajudá-la.

Os animais deram uma gargalhada.

- Ajudar com essas pernas curtinhas e esse corpo pesado? exclamou o tamanduá, rindo.

- Você não conseguirá com essas perninhas e com esse peso chegar ao pico da montanha! É melhor desistir, acrescentou o quati, achando, também, graça.

O jabuti, muito sério, respondeu:

- Deus ajuda quem tem boa vontade. Eu sou pesado e tenho as pernas curtas, é verdade; mas, com minha vontade hei de trazer de volta o filhotinho de Dona Porca.

E começou, lentamente, a subir a montanha. Gastou muito tempo para chegar no alto. A águia, felizmente, fora buscar alimentos, longe... O porquinho, ao ver o jabuti, saiu do ninho e correu ao seu encontro.

- Graças a Deus, alguém veio me salvar! Rezei tanto para isso! Como está minha mãezinha?

- Sua mãe e seus irmãos estão bem, respondeu o jabuti, respirando com dificuldade. Eu é que não estou... Deixe-me respirar um pouco... Pronto! Agora, sim, estou ótimo!

- Como fugir daqui? Não sei o caminho de volta e você, Capacete, não consegue correr. A águia nos pegará... E ela vai voltar de um momento para outro!

- Tenha fé em Deus e encontraremos uma solução.

- Olhe! exclamou, de repente, o porquinho, arregalando os olhos. Veja aquela nuvem negra... É a águia! Ela chegará dentro de pouco tempo... O que fazer?

- Orar, meu amiguinho. A prece remove montanhas! E nós estamos em uma montanha... Oremos, já.

E começaram a orar o "Pai Nosso". Após a prece, ambos viram aparecer o espírito muito luminoso do pai do jabuti, que disse:

- Ouvi o pedido de socorro e vou ajudá-los. Ao pé desta montanha existe um grande lago de águas azuis. Vocês devem mergulhar nele.

- Eu sei nadar muito bem. Foi o senhor quem me ensinou! respondeu o jabuti.

- Depressa meu filho. Faça o que eu disse! A águia já está chegando. Mergulhe no lago com seu amiguinho... Coragem!

O jabuti pediu que o porquinho se agarrasse firme em seu casco.

- Segure com mais força. Assim!

E, ambos se atiraram no lago... tchibum! exatamente quando a águia pousava no ninho.

Dona Porca, quando viu o filhinho chegar carregado pelo jabuti, correu ao seu encontro, chorando de alegria.

O jabuti, humilde, olhava os dois.

- Deus lhe pague pelo que fez! disse Dona Porca. Realizou uma façanha que muitos animais grandes e ligeiros não seriam capazes! Como conseguiu?

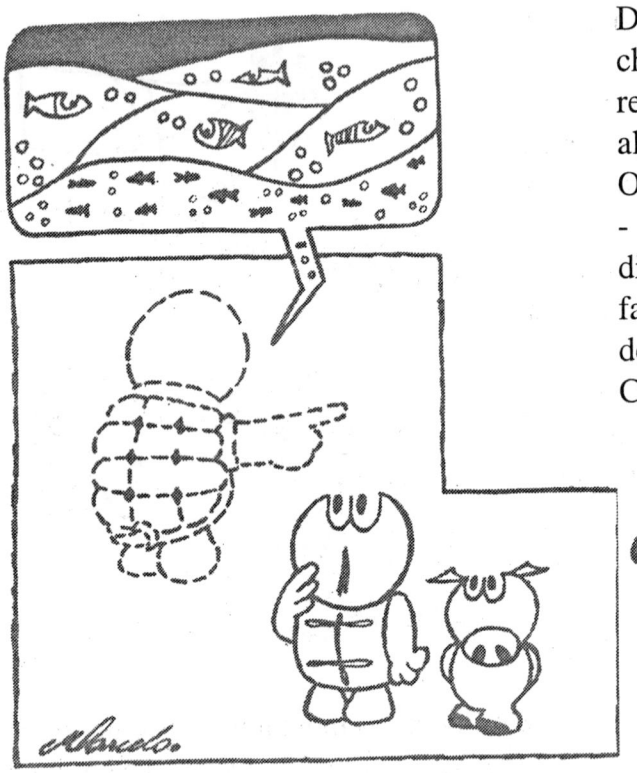

- Com a minha fé! respondeu o jabuti.

E, lentamente, afastou-se, enquanto pensava:

EU NADA SOU; MAS, ESTANDO COM DEUS, QUE PODE O MUNDO CONTRA MIM?

FIM

impressão e acabamento
Cromosete
GRÁFICA E EDITORA LTDA.
Rua Uhland, 307 - Vila Ema
Cep: 03283-000 - São Paulo - SP
Tel/Fax: 011 6104-1176